I0209034

DÉPARTEMENT DE SEINE-&-OISE

SERVICE MÉDICAL DES INDIGENTS

NOMENCLATURE

ET

TARIF DES MÉDICAMENTS

JANVIER 1881

VERSAILLES
CERF ET FILS, IMPRIMEURS DE LA PRÉFECTURE
59, RUE DUPLESSIS, 59.

1881

SERVICE MÉDICAL DES INDIGENTS

NOUVEAU TARIF DES MÉDICAMENTS

ARRÊTÉ PRÉFECTORAL DU 12 MARS 1881

Le Préfet de Seine-et-Oise, chevalier de la Légion d'honneur,

Vu le Règlement général sur le service médical des indigents en Seine-et-Oise en date du 18 janvier 1844, et les modifications qui y ont été successivement introduites par l'arrêté préfectoral du 30 décembre 1856, la circulaire préfectorale du 29 mai 1868 et l'arrêté préfectoral, concernant le service des épidémies, du 9 mai 1864 ;

Vu les propositions du Conseil central d'hygiène et de salubrité ;

Vu l'avis de M. l'Inspecteur de l'Assistance publique ;

Considérant que le tarif des médicaments annexé au Règlement et aux arrêtés susvisés est devenu insuffisant, et que les prix fixés par ce tarif ne sont plus en harmonie avec les prix actuels des substances pharmaceutiques dont il peut être fait usage pour le service des indigents ;

Considérant que ce tarif a donné lieu, de la part des pharmaciens qui ont adhéré au Règlement, à des réclamations fondées ;

ARRÊTE :

Article premier. — Le tarif annexé au présent arrêté, et portant la date de janvier 1881, sera adopté à l'avenir pour le service médical des indigents en Seine-et-Oise ; MM. les médecins et les pharmaciens qui ont donné ou qui donneront leur adhésion au Règlement général concernant ce service sont tenus de s'y conformer à dater du 1ᵉʳ avril prochain.

Art. 2. — Un exemplaire du nouveau tarif sera adressé aux maires du département et à chacun des médecins et des pharmaciens du service médical gratuit.

Fait à Versailles, le 12 mars 1881.

Le Préfet de Seine-et-Oise,
Félix COTTU.

SERVICE MÉDICAL GRATUIT

Nomenclature des médicaments mis à la disposition de MM. les Médecins et Tarif auquel devront se conformer MM. les Pharmaciens.

Le présent tarif a été établi pour donner satisfaction à la fois à MM. les médecins du service des indigents, qui y trouveront la plupart des médicaments dont s'est enrichie depuis plusieurs années la thérapeutique, et à MM. les pharmaciens, qui se plaignaient que les prix portés au tarif précédent n'étaient plus en rapport avec le cours actuel des drogues et des préparations pharmaceutiques.

Ce nouveau tarif ne renferme pas tous les médicaments employés en médecine ; il est cependant assez complet pour que les médecins ne soient pas entravés dans leurs traitements. MM. les médecins ne doivent pas oublier que les ressources dont peut disposer l'Administration pour le service des indigents sont forcément limitées, et qu'ils doivent se borner à l'emploi des remèdes strictement nécessaires à la guérison de leurs malades. Il leur est donc recommandé de ne pas employer, à moins d'urgence absolue, de médicaments non portés sur la nomenclature ci-jointe, et de ne prescrire certaines préparations dont on n'a pas voulu leur interdire l'emploi, telles que les limonades purgatives, l'eau de Sedlitz, etc., qu'avec la plus grande réserve et seulement dans les cas exceptionnels où ces préparations ne pourraient sans inconvénient être remplacées par d'autres moins coûteuses.

Quant aux pharmaciens, ce tarif, tout en restant dans les limites d'un service de charité, apporte une notable amélioration au tarif actuellement en vigueur ; ils devront donc se conformer entièrement aux prix qui y sont indiqués.

Liste des médicaments qui, DANS AUCUN CAS, ne doivent être prescrits par MM. les médecins, et qui ne seraient pas payés s'ils étaient délivrés :

1º Toutes les eaux minérales, naturelles et artificielles ;
2º Toutes les spécialités pharmaceutiques : sirop de Flon, vin de Bugeaud, etc.;
3º Le miel et les sirops comme édulcorants ;
4º Tous les sirops d'agrément : de cerises, de groseilles, d'oranges, d'orgeat, de violettes, etc, (excepté dans les potions).;
5º Les eaux distillées de fleur d'oranger, de menthe, etc., l'eau de mélisse des Carmes (sauf dans les potions);
6º Les eaux de toilette (eau de Cologne, Botot, etc.);
7º Les pâtes de guimauve, de jujubes, de réglisse, de lichen, etc.;
8º Les pastilles non portées au tarif;
9º Les vins médicinaux non portés au tarif, et entre autres le vin de quinquina au Madère, au Malaga et autres vins de dessert;
10º La manne en larmes;
11º Le quinquina rouge;
12º L'huile de foie de morue blanche;
13º Le racahout, le tapioca et autres fécules alimentaires;
14º Le thé et le chocolat, même médicamenteux;
15º Les sucres candi, vanillé, etc.

L'eau de Sedlitz et la limonade purgative ne doivent être prescrites qu'aux enfants et aux personnes dangereusement malades. Dans tous les autres cas, elles seront remplacées par le sulfate de magnésie.

TARIF DES MÉDICAMENTS

DÉNOMINATION des MÉDICAMENTS.	DIVERS	250 gr.	100 gr.	30 gr.	10 gr.	1 gr.	5 centig.
Acétate d'ammoniaque............	....	....	....	0.30	0.15	0.05	....
— de plomb cristallisé et liquide.	....	0.75	0.30	0.10	0.05	....	....
— de potasse, de soude.........	....	....	....	0.30	0.20	0.05	....
Acide acétique pyroligneux........	....	....	....	0.50	0.20	....	....
— — cristallisable....	....	....	....	....	0.30	....	....
— arsénieux................	....	....	....	....	....	0.20	0.10
— azotique.................	....	....	....	0.70	0.25	....	....
— chlorhydrique............	....	....	....	0.40	0.15	....	....
— cyanhydrique médicinal....	La goutte.... 0.05	....	....	....	....	0.20	....
— phénique cristallisé.......	....	....	....	1.80	0.60	0.25	....
— sulfurique...............	....	....	....	0.40	0.15	....	....
— — alcoolisé (eau de Rabel).	....	....	....	....	....	0.20	....
— tartrique................	....	....	....	....	0.30	0.10	....
Aconitine et ses sels..............	Le centig..... 0.15	....	....	....	....	....	0.75
Agaric blanc...................	....	....	....	....	....	0.20	0.05
— de chêne................	....	....	....	....	0.40	0.15	....
Alcool rectifié.................	Le litre, v. c. 3.50	1.35	0.60	0.20	....	....	....
— camphré................	Le litre, v. c. 5.50	1.75	0.80	0.25	....	....	....
— camphré faible (eau-de-vie camph.)	Le litre, v. c. 3.25	1.20	0.50	0.15	....	....	....
Alcoolat de cochléaria...........	....	....	....	0.80	0.25	0.10	....
— de Fioraventi............	....	....	....	1.50	0.50	0.15	....
— de mélisse composé.......	....	....	....	1.00	0.30	0.10	....
— vulnéraire..............	....	....	....	1.00	0.30	0.10	....
Alcoolatures d'aconit et autres plantes indigènes..................	....	....	....	0.60	0.30	0.05	....
Aloès entier....................	....	....	....	0.15	0.10	....	....
— pulvérisé...............	....	....	....	0.25	0.10	0.05	....
Alun pulvérisé.................	....	....	0.20	0.10	0.05	....	....
— calciné................	....	....	....	0.50	0.20	0.10	0.05
Amidon pulvérisé...............	500 gr...... 0.80	0.40	0.20	0.10	....	....	....
Ammoniaque liquide.............	....	....	0.60	0.30	0.10	....	....
Anis étoilé.....................	....	....	....	0.60	0.25	0.10	....
Anis vert......................	....	....	....	0.30	0.10	0.05	....
Antimoine diaphorétique.........	....	....	....	....	0.30	0.05	....
Arséniates de fer, potasse, soude, etc.	....	....	....	....	....	0.15	0.05
Arsénites de fer, potasse, soude, etc.	....	....	....	....	....	0.15	0 05
Assa fœtida pulvérisée...........	....	....	....	....	0.15	....	....
Atropine et ses sels..............	....	....	....	....	....	....	0.40
Axonge préparée................	....	0.80	0.40	0.15	....	....	....

DÉNOMINATION des MÉDICAMENTS.	DIVERS	PRIX					
		250 gr.	100 gr.	30 gr.	10 gr.	1 gr.	5 centig.
Azotate d'argent cristallisé et fondu....	....	....	....	....	....	0.40	0.05
— de bismuth (sous)........	....	....	....	....	0.75	0.10	....
— acide de mercure........	....	....	....	0.40	0.20	....	....
— de potasse pulvérisé........	....	....	....	0.15	0.10	....	....
Bandages ordinaires simples.........	La pièce..... 4 fr.	....	....	....	....	....	....
— — doubles.......	La pièce..... 6 fr.	....	....	....	....	....	....
Bandes pour pansements.......	Le mètre.. 0.20 c.	....	....	....	....	....	....
Baume du commandeur...	....	....	1.00	0.30	0.15	....	....
— de copahu	....	....	1.20	0.40	0.20	....	....
— Opodeldoch	Le flacon v. c. 1.20. 1/2 flac. v. c. 0.75.	....	....	....	....	....	....
— tranquille........	....	....	....	0.60	0.20	....	....
Beurre de cacao........	....	....	....	....	0.50	....	....
Bicarbonate de soude pulvérisé	....	....	....	0.30	0.10	....	....
Borate de soude.....	....	....	....	0.60	0.20	....	....
Bourgeons de sapin	....	....	....	0.45	0.10	....	....
Bromure de potassium........	....	....	....	....	0.80	0.10	....
Cachou pulvérisé.......	....	....	....	0.20	0.10	....	....
Calomel à la vapeur.......	....	....	....	....	0.40	0.10	....
Camphre.......	....	....	....	0.60	0.20	....	....
— pulvérisé........	....	....	....	0.75	0.25	....	....
Cannelle pulvérisée........	....	....	....	....	0.15	0.05	....
Cantharides pulvérisées........	....	....	....	....	0.40	0.10	....
Carbonate de fer (sous-).......	....	....	....	....	0.30	0.15	....
— de magnésie.......	....	....	....	0.75	0.25	....	....
— de potasse.......	....	....	....	0.30	0.15	....	....
— de soude (sous).......	Le kilo...... 0.60.	0.20	0.10	0.05	....	....	....
Castoréum pulvérisé........	....	....	....	....	....	0.40	....
Caustique de Vienne.......	....	....	....	....	0.50	0.15	....
Cérat de Galien........	....	....	....	0.60	0.20	....	....
Cérat saturné, soufré.......	....	....	....	0.65	0.25	....	....
Cérat laudanisé, opiacé.......	....	....	....	1.00	0.40	....	....
Charbon de peuplier pulvérisé.......	....	....	....	0.60	0.20	....	....
Charpie.......	....	....	....	0.75	0.25	....	....
Chloral hydraté.......	....	....	....	....	0.90	0.15	....
Chlorate de potasse.......	....	....	....	0.90	0.30	....	....
Chlorhydrophosphate de chaux.......	....	....	....	1.25	0.70	....	....
Chloroforme pur.......	....	....	....	1.25	0.50	0.10	....
Chlorure d'antimoine.......	....	....	....	....	0.25	....	....
— de chaux sec.......	500 gr...... 0.50.	....	0.20	0.10	....	....	....
— — liquide.......	500 gr...... 0.40.	....	0.15	0.10	....	....	....
Chlorures de mercure (tous les).	....	....	....	....	0.40	0.10	....
Chlorure de soude (liq. de Labarraque).	500 gr...... 0.40	....	0.20	0.10	....	....	....
— de zinc.......	....	....	....	....	1.00	....	....
Citrate de fer.......	....	....	....	....	0.40	0.10	....
Codéine et ses sels.......	....	....	....	....	....	....	0.20

DÉNOMINATION des MÉDICAMENTS.	DIVERS	\ 250 gr.	100 gr.	30 gr.	10 gr.	1 gr.	5 centig.
Collodion				0.80	0.40		
Colombo				0.60	0.20		
— pulvérisé					0.30	0.10	
Colophane pulvérisée				0.15			
Compresses		1.25					
Corne de cerf calcinée pulvérisée			0.90	0.30			
Craie préparée			0.60	0.20			
Crême de tartre pulvérisée			0.60	0.20			
— soluble			1.20	0.40			
Créosote						0.10	
— de hêtre					1.00	0.15	
Cubèbe pulvérisé			1.20	0.40			
Cyanure de potassium						0.30	0.10
Décoction blanche de Sydenham	Le litre....... 1.25 / 1/2 litre....... 0.80			0.50			
Dextrine			0.60	0.35			
Diascordium					0.50		
Digitaline	1 centig....... 0.15						
Eau blanche	Le litre....... 0.50						
— de chaux				0.20			
— de goudron	Le litre....... 0.25						
— sédative	Le litre....... 0.50						
— de Sedlitz	La bout. v. c. 0.75						
Eau-de-vie allemande			1.20	0.40	0.20		
Eau distillée simple	500 gr....... 0.30		0.10	0.05			
— de fleurs d'oranger			0.50	0.20			
— de laitue, menthe, mélisse, tilleul, etc.			0.30	0.10			
— de laurier cerise			0.50	0.20	0.10		
— de roses			0.45	0.15			
Elixir de longue vie			0.75	0.25			
Emétique					0.25	0.10	0.05
Emplâtres (v. le tarif des manipulations)							
Emulsion simple du Codex (édulcorée)	Le litre....... 1 fr.						
Ergotine (Fle Bonjean)					2.50	0.40	
Essence de térébenthine			0.40	0.15			
Espèces aromatiques, vulnéraires			0.40	0.15			
Ether sulfurique				0.60	0.25	0.05	
— — alcool. (liq. d'Hoffmann)				0.40	0.20	0.05	
Extraits d'absinthe, aconit, belladone, chicorée, ciguë, digitale, gaïac, gentiane, jusquiame, laitue, pavot blanc, et en général tous les extraits à l'exception des suivants					0.75	0.10	

DÉNOMINATION des MÉDICAMENTS.	DIVERS		250 gr.	100 gr.	30 gr.	10 gr.	1 gr.	5 centig.
Extrait d'opium..................							0,30	0,05
— de quinquina gris........						1,20	0,15	
— de noix vomique, ratanhia....						1,20	0,15	
Farine de lin....................	Les 500 gr...	0.40	0.20					
— moutarde..............	— 500 gr...	0.80	0.45					
Fécule de pomme de terre.........	— 500 gr...	0.40	0.25					
Fer porphyrisé...................					0.60	0.40	0.05	
Fer réduit par l'hydrogène.......						0.90	0.15	
Follicules de séné...............					0.60	0.25		
Fruits pectoraux.................				0.30	0.10			
Fucas crispus....................				0.40	0.15			
Gaïac rapé.......................				0.10	0.05			
Gélatine grossier.t pulvérisée pour bains.	500 gr......	1.50						
Glycérine blanche................				0.75	0.25	0.15		
Glycérolé d'amidon...............				1.50	0.60			
Gomme adragante pulvérisée.......							0.10	
Gomme arabique pour tisane.......				0.50	0.15			
— — pulvérisée.....				0.75	0.25	0.10		
Gomme ammoniaque pulvérisée......						0.20	0.05	
Gomme gutte pulvérisée...........						0.40	0.05	
Goudron de Norwège...............				0.20	0.10			
Graine de lin....................			0.20	0.10				
Granules d'alcaloïdes et autres.....	Les 10......	0.50						
	Les 50......	1.50						
Grenadier (écorce de racine de)....	Les 100......	2.50						
Gruau............................					0.50	0.20		
	500 gr......	0.60		0.15	0.10			
Hosties..........................	La douz.....	0.20						
Houblon..........................				0.60	0.20			
Huile d'amandes douces...........				0.75	0.25			
— camphrée, de camomille, etc....				0.60	0.20			
— de belladone, jusquiame, etc.....				0.60	0.20			
— de croton tiglium.............	La goutte....	0.05					0.30	
— de foie de morue blonde ou brune.	Le litre v. c...	3.25	1.00	0.50	0.20			
— de ricin.....................				0.75	0.25			
— de cade vraie................					0.30	0,15		
Iode.............................						0.80	0.10	
Iodures de mercure (tous les).....						1.10	0.20	
Iodure de plomb, de potassium....						0.80	0.10	
Ipécacuanha pulvérisé............							0.25	
Jalap pulvérisé..................						0.40	0.10	

DÉNOMINATION des MÉDICAMENTS.	PRIX						
	DIVERS	250 gr.	100 gr.	30 gr.	10 gr.	1 gr.	5 centig.
Kermès minéral............						0,20	0,05
Kousso..................						1,50	0,25	...
Lactate de fer............						1.00	0.15
Lactophosphate de chaux......					1.25	0.70	
Lavement purgatif (Codex).....	La dose..... 0.75						
Laudanum de Sydenham, de Rousseau.					1.50	0.60	0.10
Lichen d'Islande...........				0.10			
Limonade sulfurique, nitrique et analogues	Le litre...... 0.80						
Limonade purgative au citrate de magnésie	A 25 gr....... 1.00 A 50 gr...... 1.25 A 60 gr...... 1.50						
Liniment oléo-calcaire........				0.60	0.20		
— volatil............				0.60	0.20		
— — camphré........				0.75	0.30		
Liqueur amère de Baumé......						1,00	0.15
— de Fowler, de Pearson......						0,30	0.10
— de Van Swieten.........				0.30	0.10		
Looch blanc du Codex.........	Le looch..... 0.75 Le 1/2 looch.. 0.40						
Lycopode................				0.75	0.30		
Magnésie calcinée				0.75	0.30		
Manne en sorte............			0.75	0.30			
Mauve (fleurs).............				0.25			
Miel blanc (comme excipient)....				0.30	0.10		
— commun pour lavements.....				0.25	0.10		
Miel mercuriel, rosat, scillitique.....				0.60	0.20		
Moutarde ou sinapismes en feuilles....	Le feuille.... 0.15						
Morphine et ses sels..........							0.10
Mousse de Corse...........				0.50	0.20		
Musc..................						5.00	0.40
Noix vomique pulvérisée.......						0.15	
Onguent basilicum...........				0.50	0.20		
— citrin.............				0.75	0.30		
— mercuriel double........				1.20	0.50		
— — simple.........				0.60	0.20		
— de la mère...........				0.60	0.20		
— populuum............				0.60	0.20		
— styrax.............				0.75	0.30		
Opium brut pulvérisé.........						0.15	
Orge mondé ou perlé.........				0.15	0.05		
Oxydes de fer (tous les).......				0.30	0.15		

DÉNOMINATION des MÉDICAMENTS.	DIVERS	250 gr.	100 gr.	30 gr.	10 gr.	1 gr.	5 centig.
Oxyde de mercure rouge ou jaune.....					0.60	0.10	
— de zinc.....					0.25	0.05	
Oxymel scillitique, simple, etc........		1.50	0.50	0.20	0.10		
Papier chimique.................	Le roul...... 1.50 / 1/2 roul...... 0.75						
Pastilles de calomel................	Les 3....... 0.05						
— de chlorate de potasse.....				0.90	0.30		
— d'ipécacuanha...........				0.90	0.30		
— de kermès..............				1.20	0.40		
— de santonine...........	Les 3....... 0.05						
— de soufre, de Vichy.......				0.60	0.20		
Pepsine amylacée................						2.00	0.25
Perchlorure de fer à 30°...........				0.50			
Permanganate de potasse..........						0.25	
Phosphate de chaux pulvérisé.......				0.20			
— de fer...............					0.40		
— de soude............				0.30			
Pilules antecibum, de Belloste, de cynoglosse, écossaises, de Dupuytren, de Méglin, de proto-iodure de fer, de Vallet.	Le cent...... 2.50 / Les 50....... 1.50 / De 25 à 20... 1.00 / Au-dessous... 0.05 / la pilule.						
Plantes indigènes, feuilles............				0.35	0.10		
— fleurs.............				0.60	0.20		
— racines............				0.35	0.10		
Phénate de soude (Phénol).........				0.75	0.30		
Poix de Bourgogne..............				0.25	0.10		
Pommade antipsorique d'Helmerich....				0.60	0.20		
— camphrée.............				0.60	0.20		
— au goudron............				0.60	0.20		
— épispastique...........					0.40		
— ophthalmique de Lyon et autres.................					0.40		
— soufrée...............				0.60	0.20		
— stibiée...............						0.25	
(Pour les autres voir le tarif des manipulations).							
Potasse caustique................						0.20	
Potion antispasmodique (Codex)......	La potion.... 0.75						
— calmante (Codex)...........	— 0.75						
— gommeuse (Codex)..........	— 0.60						
— purgative (Codex)..........	— 1.25						
— de Rivière en 2 fioles (Codex)...	— 1.20						
Poudre de Dower................						0.10	
Poudres de plantes indigènes pour pilules ou paquets.................					0.20		

DÉNOMINATION des MÉDICAMENTS.	DIVERS	250 gr.	100 gr.	30 gr.	10 gr.	1 gr.	5 centig.
Quassia amara en copeaux			0.50	0.20			
Queues de cerises			0.75	0.25			
Quinquina gris concassé			1.20	0.40	0.15		
— — pulvérisé			1.50	0.50	0.15		
— jaune concassé			2.25	0.75	0.20		
— — pulvérisé			2.40	0 80	0.25		
Ratanhia (racine)			0.90	0.30	0.15		
— pulvérisé			1.50	0.50	0.20		
Résine de jalap brune						0.25	
Rhubarbe de Chine entière					0.40	0.10	
— — pulvérisé					0.50	0.10	
Roses de Provins				0.50			
Safran						0.25	
— pulvérisé						0.40	
Salicylate de soude					1.00	0.15	
Salsepareille coupée			0.75	0.25			
Sangsues	La pièce...... 0.25						
Santonine						0.40	
Scammonée pulvérisée						0.30	
Scille pulvérisée					0.20	0.05	
Seigle ergoté pulvérisé exprès						0.20	
Semen-contra entier				0.30	0.15		
— pulvérisé					0.25	0.05	
Séné mondé				0.60	0.25		
Silicate de potasse liquide	Le litre v. c. 2.50						
Sirops: antiscorbutique, diacode, de digitale, d'écorces d'oranges amères, d'éther, d'iodure de fer, d'ipécacuanha, de morphine, de mûres, d'opium, de térébenthine	1/2 bout. v. c. 1.75	1.25	0.60	0.25			
Sirops: de capillaire, de cerises, de groseilles (dans les potions seulement)			0.40	0.20			
Sirop de chloral			1.20	0.40			
— de codéine			1.50	0.50			
Sirops: de fumeterre, de gentiane, de goudron, de saponaire, et en général tous les sirops non désignés	1/2 bout. v. c. 1.25	1.00	0.50	0.20			
Sirops: de gomme, de guimauve, simple	1/2 bout. v. c. 1.10	0.75	0.30	0.15			
Sirops: de quinquina, de ratanhia, de salsepareille composés	1/2 bout. v. c. 2 00	1.40	0.75	0.30			
Soufre lavé				0.10			
Sparadrap diachylon	Le mètre...... 0.80						
— de thapsia	— 3.00						
— de Vigo	— 1.50						
Strychnine et ses sels							0.20
Sulfate de cuivre, fer, zinc purifié			0.60	0.20			

DÉNOMINATION des MÉDICAMENTS.	DIVERS		PRIX					
			250 gr.	100 gr.	30 gr.	10 gr.	1 gr.	5 centig.
Sulfate de magnésie, de soude........	..	....	....	....	0.40	0.15	....	....
Sulfate de quinine.................	2 gr........	2,20	....	....	....	....	1.25	0.10
Sulfure de potasse liquide...........	500 gr......	0.60	0.30	0.20	0.10	....	....	....
Sulfure de potasse sec.............	500 gr......	1.20	0.60	0.30	0.10	....	....	....
Suppositoires au beurre de cacao, au savon, etc......................	La pièce.....	0.25						
Tannin...........................			....	....	....	0.80	0.10	....
Tartrate de potasse, de potasse et de soude.			....	....	0.30	0.15	....	....
Tartrate de potasse et de fer			....	....	1.00	0.40	....	....
Teintures alcooliques (toutes les) à l'exception des suivantes..........			....	1.20	0.40	0.20	....	....
Teinture de cantharides			....	....	0.60	0.30	0.10	....
— de castoreum			....	....	....	....	0.20	....
— d'extrait d'opium.........			....	....	1.50	0.60	0.10	....
— d'iode...................			....	....	0.75	0.40	0.10	....
— de quinquina.............			....	....	1.50	0.50	0.25	....
— de rhubarbe..............			....	....	2.00	0.75	0.40	0.10
Teintures éthérées de plantes indigènes (toutes les)			....	....	0.75	0.40	0.10	....
Térébenthine de Venise............			....	....	0.50	0.20	....	....
Thériaque			....	....	0.50	0.20	....	....
Thridace.........................			....	....	....	....	0.10	....
Tilleul (fleurs avec bractées).........			....	....	0.40	0.15	....	....
Valérianate de quinine			....	....	....	....	1.75	0.15
— de zinc.................			....	....	....	....	0.50	....
Vératrine			....	....	....	....	....	0.25
Vésicatoires (v, le tarif des manipulations).								
Vin d'absinthe, antiscorbutique, aromatique, de gentiane................	Le litre v. c. 1/2 bout, v. c.	2,50 1.25	0.90	0.50	0.20	....	....	....
Vin diurétique amer................	1/2 bout, v. c.	1,75	1.50	0.80	0.30	....	....	....
— de quinquina,...............	La litre v. c. 1/2 bout, v. c.	3,50 1.60	1.20	0.60	0.20	....	....	....
— de rhubarbe au malaga.........	1/2 bout, v. c.	2,50	2.00	1.20	0.50	....	....	....

Application du Tarif.

Lorsque le poids d'un produit demandé ne sera pas en concordance avec le poids porté au tarif, le prix de ce produit sera décompté de la manière suivante : le prix du poids immédiatement inférieur sera compté comme au tarif ; pour les quantités en excédant de ce poids, elles seront décomptées au prix du poids du tarif immédiatement supérieur.

Exemple : iodure de potassium, 6 grammes ;
1 gramme est marqué 0,10. ; 10 grammes, 0,80.

On aura ainsi :

	1 gramme à 0,10	0,10
	5 grammes à 0,08	0,40
Total :	6 grammes valent	0,50

Tarif des manipulations.

I. — *Emplâtres.*

1° Emplâtres de ciguë, de poix de Bourgogne, de thériaque, de vigo, de thapsia, vésicatoires,

par centimètre carré de surface,

De 1 à 20	0,20.
De 21 à 50	0,40.
De 51 à 100	0,60.
De 101 à 150	0,80.
De 151 à 200	1,00.
De 201 à 300	1,30.

Le prix des substances et celui du sparadrap ou de la peau sont compris dans les prix ci-dessus.

2º Emplâtres d'extrait : le prix de l'extrait employé augmenté de la moitié des prix ci-dessus.

II. — *Collutoires, collyres, gargarismes, pommades, potions,* etc.

En un mot, toutes les préparations exigeant l'emploi du mortier, du filtre ou du feu, et *seulement dans ce cas* :

Faire le total des prix des substances entrant dans leur composition et y ajouter un prix fixe de *20* centimes.

III. — *Décoctions, infusions,* etc.

De 1 à 100 gr............................	0.20 ⎫
De 101 à 250 gr.........................	0.30 ⎬ en sus du prix du médicament.
De 251 à 500 gr.........................	0.40 ⎭

IV. — *Paquets et pilules.*

Pour la préparation et la division des substances en paquets ou en pilules :

De 2 à 20 paquets ou pilules..........	0.02 ⎫ par paquet ou pilule.
De 21 et au-dessus....................	0.01 ⎭

Exemple :

30 paquets. { 20 paquets à 0.01......... 0.40 } 0.50 en sus du prix des
{ 10 paquets à 0.01......... 0.10 } substances employées.

VERSAILLES. — CERF ET FILS, IMPRIMEURS DE LA PRÉFECTURE, 59, RUE DUPLESSIS.

www.ingramcontent.com/pod-product-compliance
Lightning Source LLC
Chambersburg PA
CBHW071448060426
42450CB00009BA/2335